AF340060

DEUXIÈME SUPPLÉMENT

A LA NOTICE

SUR DOMINIQUE COLLIN ET YVES-DOMINIQUE COLLIN.

Nous reprenons la tâche, que nous nous sommes donnée en 1862, de recueillir tous les renseignements biographiques, dignes de foi, qui nous parviendraient sur ces deux artistes, et de faire connaître leurs travaux en chalcographie. Un premier supplément a relevé les erreurs et les omissions que nous avions commises ; en voici un second, et ce ne sera peut-être pas le dernier.

BIOGRAPHIE.

Nous allons d'abord reproduire, dans l'ordre des dates, les renseignements biographiques entremêlés de mentions de gravures en différents genres, exécutées par Dominique Collin. Nous avons puisé les uns et les autres dans l'excellent répertoire que M. H. Lepage vient de publier sous le titre de : *Archives de Nancy*, et dans le journal manuscrit de Durival aîné, l'auteur de la *Description de la Lorraine et du Barrois*. Quelques-unes de ces mentions sont relatives à des ouvrages dont la mémoire s'est perdue ; en appelant sur eux l'attention, nous aiderons peut-être à les faire retrouver.

1752, 9 mai. Mariage de Dominique Collin, graveur, fils de feu le Sr Nicolas Collin, marchand à Mirecourt, et de Françoise Collin, avec Marguerite Françoise, fille du sieur Yves Hutet, marchand et maître des orfèvres..... Reg. des mariages de la paroisse St Roch. — *Archives de Nancy,* t. IV, p. 45.

1755. Sommes payées à Dominique Collin, « pour avoir gravé deux moules de médailles aux armes de la Ville, pour distribuer aux personnes qui doivent se rendre aux lieux où peut arriver le feu, donner leurs soins et veiller sur les ouvriers. » — Ibid., t. II, pp. 581–382.

Pour avoir fourni les planches en cuivre, et y gravé la musique, les vignettes et les estampes relatives au prologue. — Ibidem, p. 382.

Il s'agit du prologue ou divertissement composé par Palissot, pour être joué le jour de la dédicace de la statue de Louis XV. V. n° 120 du Catalogue et ci-dessous, Nouvelles additions et corrections.

1758. A cette date se place le brevet de graveur ordinaire de la ville de Nancy :

« Nous conseiller du Roi, Lieutenant général de police, magistrats et conseillers de l'Hôtel de ville de Nancy, faisons savoir.... qu'ayant réfléchi qu'il convenoit d'attacher à la ville un graveur dont la probité et l'habileté put répondre à l'attention qu'elle doit avoir de ne recevoir aucun ouvrage de cet art qui ne soit bon et fait dans les règles de l'art, étant bien informé de la capacité du Sr Dominique Collin au fait de la gravure, nous avons nommé et nommons ledit Sr Collin, pour graveur ordinaire de la ville, et, en cette qualité, examiner, visiter et faire rapport gratuitement, toutes fois qu'il en sera requis, de la qualité de toutes les gravures, tant en taille douce qu'en creux, relief et généralement quelconques qui seront faites pour la ville, comme aussi pour graver ce qui pourroit lui être commandé, moyennant quoi ledit Sr Collin, jouira de tous les droits, priviléges et franchises ordinaires... » — Ibidem, pp. 90 et 91.

Ces priviléges consistaient notamment dans l'exemption de logement des gens de guerre, de guet et garde et diverses autres charges municipales.

Collin était aussi graveur ordinaire du Roi Stanislas; nous ignorons depuis quand. Seulement la date de 1758, inscrite au bas de la *Veue méridionale de la Carrière de Nancy*, qui est celle de ses gravures où il prend ce titre pour la première fois, nous porte à croire qu'il reçut à peu près en même temps le brevet du Roi et celui de la ville.

1758. Somme payée « au Sr Collin graveur ordinaire du Roi et de la ville de Nancy pour 64 estampes représentant la seconde vue de la Carrière[1] dédiée à Messieurs du Magistrat et 54 représentant la vue septentrionale de la Carrière[2], données en étrennes par la ville. » — Ibid. p. 585.

1759. Somme payée « à Dominique Collin, pour avoir gravé un coin pour frapper les jetons qui portent pour empreinte les armes de Mgr l'Intendant et de Mme l'Intendante. » — Ibidem, pp. 586–387.

Ainsi le joli jeton, sans date, où l'on voit au Droit les armes de la ville de Nancy, avec l'inscription *Non inul-*

1. N° 50 du Catal.
2. N° 59 du Catal.

tus premor et au Revers les armes accolées de Chau-
mont et de Bergeret, est l'ouvrage de notre artiste.

M. de la Galaizière fils avait, à la fin de 1758, remplacé à l'Intendance de Lorraine, son père qui, dans l'o-
rigine et jusque-là, avait cumulé ces fonctions avec celles
de Chancelier. Chef de la justice et chef de l'administra-
tion, tout à la fois!

Au même « pour 72 estampes représentant la vue
méridionale de la place Royale[1], et pour autant du portrait du Roi (Stanislas) dans le goût des crayons[2] ». —
Ibidem.

1761. Sommes payées à Dominique Collin « pour
72 estampes représentant la place d'Alliance[3] ». — Ibid.
p. 390. « Pour gravure de la planche de la porte St Nicolas, dont les estampes ont été présentées à Mesdames
(Adélaïde et Victoire, à leur passage à Nancy) ». — Ibidem, p. 392.

1764, 14 juillet. « Pose de la première pierre du quartier Royal des casernes. L'Inscription commémorative,
gravée par Collin sur plaque de cuivre, est mise au-
dessous dans une boîte de plomb, contenant avec quelques monnaies, médailles et jetons, l'effigie en plomb du
Roi Stanislas, gravée par Derlange ». — Journal ms. de
Durival l'aîné.

1765. On lit dans le même journal, 1er janvier.
« L'Hôtel de ville de Nancy ayant fait graver par Collin
l'estampe de la construction du quartier Royal des ca-

1. N° 52 du Catalogue de l'œuvre de Collin père.

2. N° 19 du Catal.

3. N° 45 du Catal.

sernes[1], elle a été présentée ce matin au Roi de Pologne, à Lunéville. S. M. en a été contente ».

Ainsi cette gravure, dont le prix payé à Collin par le Conseil de ville, figure dans le compte de la même année[2], représente le quartier Ste-Catherine dans l'état de construction où il se trouvait vers la fin de 1764.

1766, 15 avril. « Collin a gravé des sceaux pour la Cour souveraine et les deux Chambres des comptes (de Lorraine et de Bar) ». Journal ms. de Durival.

Mention dans les comptes de la même année, d'une somme payée à Collin pour avoir gravé le mausolée du Roi Stanislas (n° 42 du catalogue). Ceux de 1774, font aussi mention d'un paiement « pour le dessin, gravure et fourniture de la planche du mausolée de Louis XV[3] ».

1777. « Somme payée à Dominique Collin, pour les armes du duc de Fleury[4] » gravées sans doute pour être mises en tête des actes émanés de son gouvernement.

» 1778. Mention dans les comptes des receveurs de la ville de Nancy, d'une somme payée à Dominique Collin, « pour avoir gravé un coin aux armes de M. l'Intendant, pour la fabrication des jetons que la ville est dans l'usage d'offrir aux intendants à leur arrivée. » — *Archives de Nancy*, t. III, p. 24.

Le nouvel intendant était M. De la Porte qui succédait à M. de la Galaizière fils, nommé intendant d'Alsace.

Voici ce que contient au sujet de ce jeton le *Recueil pour servir à l'histoire métallique des duchés de*

1. N° 48 du Catal.
2. *Arch. de Nancy*, t. III, p. 10.
3. *Archives de Nancy*, t. III, pp. 18 et 21.
4. Gouverneur des duchés de Lorraine et de Bar.

Lorraine et de Bar, manuscrit de Mory d'Elvange[1].
« Planche 25, fig. 5. Armes de M. de Moulins de la Porte,
intendant actuel (1780) des duchés de Lorraine et de Bar,
et de Mad. son épouse. Le dessin est d'après un plomb,
coup d'épreuve. — Communiqué par M. Collin père, qui
l'a gravé par les ordres de l'Hôtel de ville de Nancy. Il n'a
pas encore été frappé, M. l'Intendant n'ayant pas voulu
le permettre. Les écus sont, le 1er d'or à la fasce d'azur,
chargé de trois étoiles d'argent et de trois tours de sable,
2 et 1, qui est de *Moulins,* le 2e porte échiqueté de dix
rangs, azur et or qui est de.... Les armes de Nancy
doivent faire le revers ».

Ainsi il peut se faire que le jeton en question, dont il
n'existait, en 1780, que l'épreuve en plomb tirée par le
graveur, n'ait pas été frappé. L'abbé Lionnois, qui en
parle dans son *Histoire de Nancy*[2] exprime le même
doute, ajoutant qu'il est sans millésime et que les écus
accolés de l'intendant et de Mme de la Porte, née Meul-
lans des Fontaines sont environnés de feuillages, cou-
verts de guirlandes de roses et surmontés d'une couronne.

C'est en 1781, le 20 et non le 21 décembre, comme
nous l'avons dit d'après Mory d'Elvange, que décéda
Collin père. Voici son acte de décès[3], extrait des registres
de la paroisse St-Roch : « L'an 1781, le 20 décembre, à
10 heures et demie du matin, est décédé, en cette ville
le Sr Dominique Collin, graveur du Roy et de la ville de
Nancy, âgé de 56 ans, veuf de Françoise Marguerite

1. A la bibliothèque publique de Nancy.

2. T. II, p. 155.

3. *Archives de Nancy,* t. IV, p. 55.

Hertete, après avoir été confessé, et avoir reçu le Saint Viatique et l'Extrême-onction. Son corps a été inhumé, le lendemain, au cimetière de la paroisse, avec les circonstances accoutumées, en présence de Yves-Dominique Collin son fils, peintre en mignature et graveur, et de, etc. ».

De Collin fils, tout ce que nous avons à dire, c'est que né le 8 février, et non le 8 janvier 1753, il mourut le 21 août 1792. Nous prenons ces dates dans son acte de baptême inscrit sur les registres de la paroisse St-Roch, portant Yves-Dominique Collin, fils du Sr Dominique Collin, graveur, et de demoiselle Françoise-Marguerite Hutet, et dans un autre acte qui se trouve au registre des décès de la paroisse St-Pierre, et qui ne donne à Collin fils que le prénom de Dominique, mais avec l'indication de sa profession de graveur, et de l'âge de 40 ans environ, qui concorde assez bien avec la date connue de sa naissance.

Il était, comme on sait, peintre en miniature en même temps que graveur. Durival rappelle dans son journal manuscrit, que le 6 mai 1776, Collin fils lui a remis son portrait en miniature.

Nous avons maintenant à signaler les erreurs et les omissions que nous avons pu découvrir dans nos descriptions iconographiques.

ICONOGRAPHIE.

PREMIÈRE PARTIE. — NOUVELLES ADDITIONS ET CORRECTIONS.

DOMINIQUE COLLIN.

N° 32 du Catalogue. Vignette pour la BIBLIOTHÈQUE DE M. DE MAILLIART. Les mots *Mestre de Camp de cava-*

lerie qui dans l'inscription suivent le nom de Mailliart remplacent une ligne effacée où on lisait *Capitaine de cavalerie Aux* (*sic*), *Reg. de Lenoncourt.* Il y a ainsi deux états de la planche.

N° 57. Vignette pour la B𝚒𝚋𝚕𝚒𝚘𝚝𝚑𝚎̀𝚚𝚞𝚎 𝚍𝚎 S𝚒𝚛𝚎𝚓𝚎𝚊𝚗 𝚏𝚒𝚕𝚜. Il y a, comme nous l'avons dit, trois états de cette vignette. On remarque au 2ᵉ ainsi qu'au 5ᵉ, outre l'addition *veuf en* 1784, signalée dans ce dernier, trois lignes qui d'abord paraissent indéchiffrables. Un iconophile lorrain, M. Arthur Benoit, a eu la curiosité de les étudier, et il a reconnu qu'au moyen de lettres grecques et françaises, la plupart couchées, renversées ou retournées, on avait fait ces mots : *l'amour et la mort.* Cette inscription est à gauche, au-dessus d'une espèce d'autel ou piédestal où l'on voit, entre deux cœurs, quelque chose qu'on peut prendre pour une tête de mort[1].

L'écu armorié de cette vignette diffère quelque peu de celui qui est gravé dans le nobiliaire de Dom Pelletier, comme appartenant à Henry Gabriel et Louis Sirejean, ce dernier aycul de Sirejean du Reclus, l'autre son grand oncle.

N° 49. V𝚎𝚞𝚎 𝚜𝚎𝚙𝚝𝚎𝚗𝚝𝚛𝚒𝚘𝚗𝚊𝚕𝚎 𝚍𝚎 𝚕𝚊 C𝚊𝚛𝚛𝚒𝚎̀𝚛𝚎. Il existe deux états de cette planche. La deuxième se distingue

---

1. Reste à savoir à quel propos Sirejean a fait mettre cela dans sa vignette. Cette espèce d'énigme est, du reste, un trait de bizarrerie à ajouter à tous ceux que nous avons ouï raconter de Sirejean lorsqu'il vivait encore, et dont nous pourrions remplir plusieurs pages d'un livre à intituler, s'il nous prenait fantaisie de l'écrire : *Galerie d'excentricités nancéiennes.* Quoique mort depuis plus d'un demi-siècle, nos concitoyens n'ont pas encore oublié ce type curieux d'originalité, et ne liraient peut-être pas sans quelque intérêt, la relation des faits et gestes les plus saillants de Sirejean du Reclus, vulgairement dit Sirejean la Grande-Barbe.

par quelques changements, dont les plus remarquables se remarquent dans les toitures des deux édifices qui sont aujourd'hui le Palais de justice et l'auditoire du Tribunal de commerce. Elles sont plus développées en profondeur que dans le premier.

N⁰ˢ 77 88. Vignettes pour l'Histoire de Lorraine... Lisez 77-78, car il n'en a que deux.

Ibidem. 2ᵐᵉ vignette de l'épitre dédicatoire.

Nous avons reconnu un deuxième état de cette planche[1]. Les ombres y ont été renforcées, les nuages, légers dans le premier, sont surchargés de traits qui les rendent lourds ; la figure de Minerve est plus arrondie, et celle de la reine, plus jeune ; cette princesse n'est pas coiffée de même, et le bouquet de cheveux retombant jusque sur l'épaule droite, est remplacé par deux rangs de boucles qui couvrent plus de la moitié du cou. Enfin on lit, sous une pierre, au bas de la terrasse et vers la gauche, le nom de *Collin,* qui ne se trouve pas dans le premier état.

Ce n'est pas Collin qui, dans cette planche, a exécuté le portrait en médaillon de Marie–Antoinette, mais un autre artiste, renommé parmi les graveurs du xviiie siècle, Charles Gaucher. On voit son nom *C Gaucher* suivi de *eff. inc.* (effigiens incidit) vers le bas à droite, dans les épreuves du deuxième état où l'on a effacé quelques traits horizontaux pour lui faire place.

N⁰ 129. Titre pour le Triomphe de l'Humanité... *Pa-*

1. Nous devons à l'obligeance de M. Lapaix, graveur à Nancy, la communication de cette pièce en premier état que possède aussi M. L. Wiener, et de plusieurs autres parmi celles que nous décrivons plus loin.

lissot de Montenoy Loth. au lieu de *sculpsit* lisez *scripsit... Collin Loth sculp.*

On a vu plus haut (Biographie) que titre et planches de musique, tout, dans ce volume entièrement gravé, est l'ouvrage de Collin.

N° 133. Frontispice gravé pour Le prix de la rose de Salency.

Hauteur, 197 millim.; largeur, 180.

YVES-DOMINIQUE COLLIN.

N° 9. Vignette armoriée... Cette vignette aux armes de M. de La Porte, Intendant de Lorraine, est en tête de la Phytographie économique de la Lorraine... par M. Willemet. *Nancy, Ve Leclerc.* 1780, in-8°. Les tours sont d'argent, mais ombrées en grande partie, ce qui, au premier aperçu, fait croire qu'elles sont d'azur.

Hauteur, 86 millim. ; largeur, 89.

N° 12. RETOUR D'AQUILON.

C'est par erreur que cette copie d'une gravure de Stefano della Bella est rangée dans l'œuvre de Collin fils ; elle est de son père : la date de 1757 à côté de sa signature au bas de la planche ne permet pas d'en douter.

—

ICONOGRAPHIE.

DEUXIÈME PARTIE. — GRAVURES NON DÉCRITES.
DOMINIQUE COLLIN.

N° 134 [1]. Saint Benoit. Il est représenté nu-tête et à genoux devant un autel où l'on voit un crucifix et un livre ouvert. Près de lui, à terre, un autre livre sur lequel re-

1. Le n° 133 est le dernier du supplément déjà publié.

repose sa crosse abbatiale. Dans le ciel une vive lumière, perçant les nuages, met à découvert le globe du monde. Le saint est vu de profil, tourné à droite. Au-dessous de la gravure du même côté : *Collin, sculp. Nanceii.* 1759. Au bas de la planche on lit en italique : *S. Benedictus velut sub uno solis radio omnem mundum collectum conspexit : videnti enim Creatorem angusta est omnis creatura... Grég. Pap. lib. 2 Dialog.*

Hauteur, 132 millim. ; largeur, 79.

Cette gravure se trouve en regard du titre d'un bréviaire à l'usage des bénédictins.

N° 155. Dom Calmet, abbé de Senones.

Portrait en buste entouré d'un cadre ovale au bas duquel on lit dans un cartouche : *R. P. D. Aug. Calmet abb. Senon. aetat. obiit.* 83. L'historien de la Lorraine est représenté de face, en camail, le sommet de la tête couvert d'une calotte. Devant lui un livre ouvert qu'il tient de la main droite, et sur lequel il pose l'index de la main gauche, comme pour y signaler un passage digne de remarque. Derrière lui, une draperie, relevée à droite, laisse voir quelques volumes. On lit au bas sur le socle :

Des Oracles Sacrés que Dieu daigna nous rendre,
Son travail assidu perça l'obscurité,
Il fit plus ; il les crut avec simplicité ;
Et fut par ses Vertus digne de les entendre.

VOLTAIRE.

Hauteur, 160 millim. — Largeur 105.

Ce portrait sans nom de graveur, se voit en tête de la VIE DE DOM CALMET, par DOM FANGÉ, imprimée à Senones en 1762 (1 vol. in-8°). Il a été exécuté en 1761, d'après un tableau récemment acquis pour le Musée lorrain, qui

représentant le vénérable abbé à l'âge de 70 ans environ, a dû être peint vers 1742[1]. Quoique la gravure ne
soit pas signée, son attribution à Dominique Collin nous
paraît parfaitement établie par ces lignes que nous ex-
trayons du journal manuscrit de Durival l'aîné. « 25 avril
» 1761. D. Fangé, abbé de Senones, fait graver par
» Collin, le portrait de D. Calmet, son oncle. »

N° 156. Ladislas Ignace, comte de Bercheny, maréchal
de France, grand écuyer de Lorraine, etc.

Portrait en buste, dans un cadre ovale qui repose sur
un socle et au bas duquel est appuyé l'écu armorié de
M. de Bercheny. Ce personnage, en habit militaire et
décoré du cordon bleu, est vu des trois quarts, le corps
tourné vers la gauche. L'inscription ci-dessus en trois
lignes sur le socle, sans nom de graveur.

Hauteur, 155 millim.; largeur 105.

Ce portrait se rencontre en regard du titre, dans un
livre intitulé : LE POLITIQUE VERTUEUX... Par M. Aubert,
Avocat à la Cour et ès Conseils du Roi à Lunéville.
Nancy, J.-B. H. Leclerc, 1762, pet. in-8°. Il n'est
pas signé, mais quelques détails qui lui sont communs
avec d'autres portraits auxquels Collin père a mis son
nom, et son exécution pour un livre composé par un
Lorrain, imprimé à Nancy, et dédié au grand écuyer
du Roi Stanislas, autorisent à l'attribuer à notre artiste.

---

1. Ce tableau porte, au revers de la peinture, le nom de Chéron
écrit en grosses lettres, et la date de 1731. La figure déjà sénile de
Dom Calmet rend cette date invraisemblable, surtout si l'on met en
regard de ce portrait, celui qui a été gravé en 1729, par Sébastien
Antoine. Quant à son attribution, à un artiste du nom de Chéron,
elle n'a rien de certain. Le papier se laisse écrire dit un proverbe
vulgaire ; la toile n'est pas moins complaisante.

Vignette aux armes de Mique.

Nº 137. Ecu d'azur à une croix d'argent cantonnée de quatre abeilles, surmonté d'une couronne de baron et supporté par deux génies assis. Un troisième génie, le dos tourné, à demi-couché sur une corniche, semble feuilleter un livre ouvert devant lui. Sur la terrasse une équerre, un compas, une règle et d'autres attributs des arts. Au bas, quelques pierres brutes, sous une desquelles on lit : *Collin fecit.*

Hauteur ? largeur ?

L'épreuve rognée que nous avons sous les yeux n'a pas conservé trace des dimensions de la planche. Comme nous aurons à décrire plus d'une gravure d'après des épreuves semblables, disons, une fois pour toutes, qu'en pareil cas, des points d'interrogation remplaceront les chiffres de hauteur et de largeur.

Vignette aux armes du comte de Carvoisin.

Nº 138. Ecu d'or à une bande de gueules, au chef d'azur, reposant sur un nuage et supporté par deux Hercules[1], tenant en main, celui de gauche, un écusson d'or à trois fasces d'argent, celui de droite un écusson de sable au chef d'azur. Au-dessus flotte une banderole portant HINC ROBUR, HINC ANIMOS, HINC DECUS HAURIRE.

On lit au bas : LE COMTE DE CARVOISIN, et à droite, *à Nancy par Collin graveur du Feu Roy de pologne Duc de Lorraine,* 1773.

---

1. Ici et ailleurs nous croyons devoir indiquer la place des supports par la droite et par la gauche du spectateur, ainsi qu'il est d'usage en iconographie, tandis que la gauche et la droite, dans les descriptions héraldiques, sont et doivent toujours être celles de l'écu.

Hauteur, 91 millim.; largeur, 80.

N° 139. Vignette aux armes du duc de Tenczin Ossolinsky.

Ecu de gueules à une hache d'argent posée en pal, supporté par deux aigles et appuyé contre un trophée. Sur le nuage où il repose, des génies qui se jouent avec différents attributs guerriers. A l'écu sont suspendues les plaques des ordres du Roi. Au bas de la planche, à gauche, *Collin.*

Hauteur, 84 millim.; largeur, 136.

Cette vignette est en tête de la dédicace au duc de Tenczin Ossolinsky, grand-maître et premier grand officier de la maison du roi Stanislas, du CANNAMÉLISTE FRANÇOIS, ou nouvelle instruction pour ceux qui désirent d'apprendre l'office, rédigé en forme de dictionnaire..... enrichi de planches en taille douce par le sieur Gilliers[1], chef d'office et distillateur de S. M. le roi de Pologne, duc de Lorraine et de Bar. *Nancy, Abel-Denis Cusson,* 1751, in-4. Les planches dont ce livre est orné sont au nombre de 13 ; les 1re, 2e, 3e et 4e portent au bas, à gauche, *Dupuis d.,* et à droite un chiffre bien connu, formé des lettres J. C. F., suivies de *Loth S. (Jean-Charles-François Lotharingus sculpsit).* Les neuf au-

1. 1758, 26 août. « Mort de Gilliers, officier d'office du roy de Pologne, qui a donné le Cannaméliste françois, in-4. Il étoit de Strasbourg. Pendant son agonie, une femme, qui récitoit la prière ordinaire, s'interrompit pour dire aux assistants : Par bonheur que Mad. Gilliers est encore fraiche, elle trouvera aisément à se remarier. — Le moribond, de qui on ne pouvoit arracher ni parole, ni signe depuis longtemps, se retourne avec un mouvement d'impatience et de colère vers la femme qui parloit : — Coquine ! s'écrie-t-il d'une voix étranglée, et il meurt aussitôt ». Journal ms de Durival l'aîné.

tres ne sont pas signées, non plus que le frontispice gravé ; mais le papier sur lequel ces pièces sont tirées étant le même que celui des n°ˢ 1, 2, 3 et 4, tandis que la vignette décrite est sur un papier très-différent qui est celui du livre imprimé à Nancy, il y a lieu de les attribuer à François, qui, en 1751, était établi à Paris depuis plusieurs années, en tout cas à tout autre qu'à Collin.

En dehors de ses talents culinaires, Gilliers était une espèce d'artiste. Ce fut lui qui, lors des fêtes de l'érection de la statue de Louis XV, fit le plan en relief de l'ambigu, ou repas donné par la ville. *Archives de Nancy,* t. II, p. 382.

N° 140. Vignette de bibliothèque aux armes de la maison des Salles et de l'une de ses alliances.

Le cadre du cartouche, orné des attributs de l'Amour et de ceux de la Folie, est entrelacé de guirlandes de fleurs. Là reposent sur un nuage, supportés par un génie et par un lion couché, deux écus accolés que surmonte une couronne de duc. Celui de dextre est d'argent à une tour donjonnée de sable sur une terrasse de sinople (Des Salles) ; celui de dextre est écartelé aux 1ᵉʳ et 4ᵉ d'une aigle éployée et couronnée à deux têtes de sable ; au 2ᵉ et au 3ᵉ de gueule à la bande d'or. Au-dessus flotte une banderole portant ces mots : Turris Domini fortitudo mea, qui sont la devise de la maison Des Salles, sans nom de graveur.

Hauteur ? largeur ?

Nous croyons pouvoir classer cette vignette dans l'œuvre de Collin, à cause de la composition du cartouche assez semblable à celui du génie de la musique (ci-dessous n° 143), et parce que la maison Des Salles est Lorraine. En tout cas, l'absence du nom du graveur et un espace laissé en blanc, probablement pour une inscription, entre le sujet et la bordure inférieure, donnent lieu de croire que l'épreuve que nous avons sous les yeux est avant toute lettre. Elle est rognée, ce qui ne nous permet pas de donner les hauteur et largeur de la planche.

N° 141. Vignette aux armes de ?

Ecu d'azur à une bonne foi d'argent, supporté par deux levrettes dont l'une, à gauche, est couchée, et surmonté d'une couronne de marquis. Sur la terrasse, en avant, deux livres, un compas, une règle et un demi-cercle. Sans nom de graveur, ni inscription.

L'élégante composition de cette pièce anonyme, et la légèreté de son exécution lui donnent un air de famille avec quelques-unes de celles que nous avons décrites ; aussi la rangeons-nous sans trop hésiter dans l'œuvre de notre artiste. Nous n'avons pu découvrir pour qui elle a été gravée.

Hauteur ? largeur ?

N° 142. Le baptême de Jésus-Christ.

Vignette gravée pour le rituel de Toul. *Nancy,* 1750, in-4°, où sa place est en tête de la page 9. Elle représente, sur les bords du Jourdain, saint Jean baptisant Jésus-Christ, auprès duquel sont deux anges agenouillés ; au bas, à droite, *Collin F.*

Hauteur, 70 millim. ; largeur, 20.

Il y a d'autres vignettes dans ce livre, mais le nom de Collin ne se trouve que sur celle-ci.

N° 143. Fleuron ou cul-de-lampe pour la décoration d'un livre (lequel ?).

Dans un cartouche dont le cadre est entrelacé de guirlandes de fleurs, le génie de la musique, soutenu en l'air par ses ailes, déploie une banderole sur laquelle on lit :

ALLICIT ET SOCIAT. Un peu plus bas, sur un nuage, une lyre, un cahier de musique et une guirlande de fleurs. Au-dessous du cadre, dans le milieu : *dessiné et gravé par Collin, graveur du feu Roy de Pologne.*

YVES-DOMINIQUE COLLIN.

N° 43. Saint Séraphin.

Sur la lisière d'un bois, des paysans, dans des attitudes diverses, écoutent la prédication d'un capucin, à la tête nimbée, tenant de la main droite un crucifix. Un peu plus loin, sur un tertre, un religieux du même ordre, à demi couché, les deux mains posées sur un livre ouvert. Au bas de la gravure, *saint Séraphin de Monte Granario capucin.* Sous le trait carré, à droite, *Collin fils à Nancy,* 1769.

Hauteur, 183 millim.; largeur, 119.

C'est sans doute ce capucin dont la canonisation a donné lieu à une facétie de Voltaire, publiée pour la première fois en 1767, sous le titre de *Canonisation de saint Cucufin.*

N° 44. Vignette d'une dédicace au marquis du Châtelet.

Sur une terrasse couverte d'attributs guerriers repose, appuyé sur des faisceaux d'armes et soutenu par deux aigles couronnées portant la croix de Lorraine suspendue au cou, l'écu de la maison du Châtelet, d'or à une bande de gueule, chargée de trois fleurs de lis d'argent. Au bas de la terrasse, à droite, *Collin à Nancy,* 1787.

Hauteur ? largeur ?

Au bas de la planche, le mot ILLUSTRISSIMO en caractères d'imprimerie couvre en partie l'extrémité des feuillages de la terrasse. Nous ignorons pour quel livre elle a été gravée.

Vignette au chiffre d'Aubert.

N° 45. Deux génies dont l'un, assis à droite sur des registres, tient de la main gauche un thyrse terminé par une pomme de pin, soutiennent un écusson où les trois lettres R. V. et A. sont réunies en monogramme. A droite, appuyé sur un ballot, un autre génie portant les attributs de Mercure. Au bas, sur une tablette, AUBERT Ng^t, et dans un espace en blanc entre cette tablette et le sujet gravé, *Y D. Collin à Nancy*, 1787.

Hauteur, 82 millim.; largeur, 56.

L'épreuve étant quelque peu rognée, les dimensions ont dû être prises dans le trait carré.

Vignette aux armes de l'abbé de Malvoisin.

N° 46. Ecu écartelé au 1er et 4e d'azur à 3 têtes de reines couronnées d'or, posées 1 et 2, au 2e et 3e d'or et de gueule, sur le tout d'argent à une croix potencée de gueule, surmonté d'une couronne de marquis, entre une mitre et une crosse, au-dessus desquelles flotte une banderole avec l'inscription : A DEO SOLO. Il repose sur une console au bas de laquelle on lit : *Colin, à Nancy,* et plus bas 1785. Point d'inscription.

Hauteur, 5 millim.; largeur, 65.

Nous avons ouï dire que ces armes sont celles de l'abbé de Malvoisin; mais nous en doutons parce qu'elles n'ont rien de commun avec celles des Malvoisin décrites au nobiliaire de Dom Pelletier.

N°^s 47-49. Trois planches pour un traité DE LA VIGNE. Mémoire couronné par l'Académie royale des sciences et des arts de Metz. Dans sa séance publique du jour de la

S. Louis, 25 août 1676, par M. Durival le jeune[1]. *Nancy, C. S. Lamort, Imprimeur...* 1777. Pet. in-8

Savoir :

Planche I. — Plantation, 1re et 2e tailles de la vigne, provignage, tels qu'ils se pratiquent[2]. Au bas, à gauche : *dessiné par M. Durival,* à droite, *gravé par Collin fils.*

Hauteur, 223 millim. ; largeur, 203.

Planche II. — Taille et éducation des provins, ébourgeonnement. Cette planche n'est pas signée.

Hauteur, 224 millim. ; largeur, 180.

Planche III. — Méthode de culture proposée par l'auteur, plantation, provignage, etc. palissage de la vigne treillagée. Au milieu du bas : *Dessiné par M. Durival. — Gravé par Collin.*

Hauteur, 447 millim. ; largeur, 224.

N° 50. Adresse historiée de d'Orvasy.

Une inscription de 15 lignes dont la première est en capitales, et les autres en italique, fait savoir au public que JEAN D'ORVASY, *M^d de papiers, près des Dominicains, à Nancy, n° 171...* tient les articles de bureau. La nomenclature en est longue, elle occupe toute une face d'un piédestal en pyramide tronquée, dont le sommet supporte une urne à laquelle est attachée une riche guirlande de fleurs. La large base du piédestal est occupée par deux génies dont l'un, à droite, est à demi-couché, montrant de la main gauche qu'il tient élevée, un paquet de crayons ; l'autre, à gauche, assis et tournant

1. Claude, né à Saint-Aubin (Meuse), en 1728, mort à Heillecourt en 1815, l'un des frères de l'auteur de la *Description de la Lorraine et du Barrois.*

2. Nous avons cru devoir suppléer d'après le texte du livre à l'absence de légende dans cette planche et dans les deux autres.

le dos, écrit sur un livre quelques lignes dans lesquelles il n'y a de lisible que ces mots : *par Yves-Dominique Collin.* On voit en avant, sur la terrasse, une balle de papier, des feuilles de musique et deux boites, dont l'une, ouverte d'un côté, laisse voir des bâtons de cire d'Espagne.

Hauteur ? largeur ?

L'épreuve que nous avons sous les yeux étant rognée, tout ce que nous pouvons dire des hauteur et largeur de la planche, c'est qu'elle doit avoir à peu près les dimensions d'un in-4°.

D'Orvasy fut longtemps établi à Nancy. En 1766, il prend, au bas d'une planche des Tables historiques, généalogiques et géographiques de l'abbé Lionnois[1] le titre d'imprimeur en taille douce ordinaire du Roi. Il était encore marchand d'estampes, et c'est surtout chez lui que se vendaient les gravures des Collin père et fils, dans le proche voisinage desquels il demeurait, rue des Dominicains. On rencontre le nom de Dorvasy au bas de quelques gravures, plus ou moins mauvaises.

51. WILLEMETIA HIERACIOIDES NECKER.

*Dédiée à M. Willemet, doyen des Apothicaires...
Par M. de Necker, Botaniste de l'Electeur Palatin
etc.* Au bas du double trait carré qui entoure cette figure de botanique et la sépare de la dédicace, on lit : *Dessiné par Verhelft et gravé par Y. D. Collin fils.*

Hauteur, 216 millim.; largeur, 154.

Collin fils a fait aussi le portrait du savant botaniste nancéien à qui cette gravure est dédiée. Est-ce une mi—

1. *Nancy, G. Henry,* 1771. 1 vol. in-fol. atlant., contenant avec le titre 28 tableaux repliés, dont 4 entièrement exécutés par la typographie, et les 24 autres en partie gravés.

niature, une aquarelle ou un simple dessin? nous l'ignorons; toujours est-il que le portrait a été gravé et qu'on
lit au bas de l'inscription qui l'accompagne *Y. D. Collin,
del. C. W. Bock, sc.*

N° 51. CLYSTERIUM DONARE.

Nous ne nous chargeons pas d'expliquer l'énigme de
cette inscription, au bas d'une petite gravure anonyme
qu'on attribue à Collin fils. On y voit à droite une ber-
gère à demi couchée au pied d'un arbre, la main sur sa
houlette. Elle dort, ou fait semblant de dormir ; en tout
cas, rien n'annonce qu'elle ait besoin de l'ordonnance
du médecin. Près d'elle, mais séparé par une palissade,
un berger étend le bras pour lui mettre une fleur sur le
sein. A gauche, au second plan, des moutons et un peu
plus loin une chaumière.

Hauteur, 49 millim.; largeur, 62

Nous nous arrêtons ici ; nos matériaux sont épuisés,
et cette fois encore nous ne croyons pas que notre
notice sur les Collin et sur les ouvrages qu'ils ont laissés
soit complète. Mais nous sommes heureux de penser que
ce travail, tout imparfait que nous le laissons, entrera
pour une bonne part dans les éléments d'une iconographie nancéienne au XVIIIe siècle.

BEAUPRÉ.

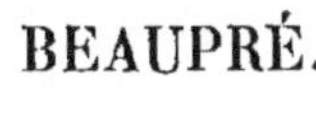

www.ingramcontent.com/pod-product-compliance
Lightning Source LLC
Chambersburg PA
CBHW061758060726
47597CB00007B/3004